AF377366

CATALOGUE

DES

LIVRES D'ASSORTIMENT

& autres

Qu'on trouve à juste prix chez

PIERRE A. VERNEY,

Libraire, Ruë du Pont à *Lausanne*.

1757.

	L.	S.

ABbadie, Traité de la Vérité de la Religion Chrétienne avec l'Art de se connoître soi-même, 12. 4 vol. *Amsterd.* 1753.

Abregé de l'Histoire Ancienne de Rollin, par l'Abbé Tailhé nouv. édit. 12. 5 vol. avec figures 1754.

—— de l'Histoire Ecclesiastique, contenant *l'Histoire des Eglises d'Orient & d'Occident, les Conciles généraux & particuliers, les Auteurs Ecclesiastiques, les Schismes, les Héresies, les Institutions des Ordres Monastiques,* 8. 2 vol. *Paris* 1752.

—— de toute la Médecine Pratique &c. par Allen. *Nouvelle édit.* augmentée de quantité de Pieces & d'articles intéressans pour la pratique Médicinale & Chirurgicale, 12. 7 vol. *Paris* 1752.

—— Chronologique de l'Histoire de France, contenant les Événemens de cette Histoire depuis

depuis Clovis jusqu'à Louis XIV, par le Président Hainaut, 4. *Paris* 1754.

—— Idem, 8. 2 vol. *Paris* 1749.

—— Idem, 8. 1 vol. *Paris* 1754.

—— de la Theologie de Saurin, en forme de Catechisme, 8. *Hollande.*

—— des Elemens de Mathematique par Rivard, 8. *Paris* 1752.

Abrégé de la Grammaire Françoise par Restaut *nouvelle édit.* augmentée des Principes de l'Ortgographe Françoise, 12. *Lausanne* 1752.

—— de la Nouvelle Méthode pour apprendre la langue Latine &c. par Mrs. de Port-Royal, 8. *La Haye* 1754.

—— de l'Histoire de France par le P. Daniel, continué jusqu'à la mort de Louis XIV. 12. 12 vol. *Paris* 1751.

—— du Traité des Etudes de Rollin, 12. *Avignon* 1754.

—— sur les Sciences & les Arts, 12. *Lausanne.*

—— de l'Histoire Universelle, par Voltaire, 12. 2 vol. *La Haye* 1754.

—— de l'Histoire des Plantes, par Chomel, 12. 3 vol. *Paris.*

—— de l'Histoire de l'Eglise, par Dupin, 12. 4 vol. *Paris.*

—— de l'Histoire & de la Morale de l'Ancien Testament, 12. *Paris* 1753.

—— de la Nouvelle Méthode pour apprendre facilement & en peu de tems la langue Grecque, par Mrs. de Port-Royal, 8. *Amsterd. figur.* 1729.

—— des Elemens de Botanique, de Tournefort, 12. *Avignon* 1749.

Academie des Jeux, *nouv. édit.* augmentée, 8. 3 vol. *Amsterd.* 1712.

Acade-

Academie des Graces, 8. *Paris* 1755.

Accouchement de Mauriceau, 4. 2 vol. *fig.* 1748.

Action de Dieu sur les Créatures, 8. 3 vol. *Paris* 1752.

Albert [le Grand] Secrets merveilleux, 8. *fig.*

Alciphron ou le Petit Philofophe, 12. 2 vol. *Hollande* 1744.

Alpini de Præfagienda vitâ & morts ægrotantium, cum Præfatione Hermanni Boërhave, 4. *fig.* 1754.

les Agrémens de la Campagne, ou Remarques particulieres fur la conftruction des Maifons de Campagne, plus ou moins magnifiques, des Jardins de Plaifance, & des Plantages, avec les ornemens &c. 12. 3 vol. *Paris* 1752. *avec beaucoup de figur.*

Ami de la Fortune, 12. 2. Part. *Paris* 1755.

Amitié après la mort, ou Lettres des Morts aux Vivans, par M. Du Rouve, 8. 2 vol. *Geneve* 1754.

Amufement philofophique fur le langage des Bétes, 8.

—— des Eaux d'Aix la Chapelle, 12. 3 vol. *Amft. fig* 1736.

—— de la Chaffe & de la Pêche, 8. 2 vol. *fig.* avec un Dictionnaire des termes qui leur font propres, *Amft.* 1743.

—— Mathematiques précedés des Elemens d'Arithmetique, d'Algebre, & de Geometrie, néceffaires pour l'intelligence des Problémes, 12. *Paris* 1749.

Analyfe raifonnée de Bayle, ou Abrégé méthodique de fes Ouvrages, particulierement de fon Dictionnaire Hiftorique & Critique, 12. 4 vol. *Paris* fous *Londres* 1755.

A 2

Analyfe

Analyſe Chronologique de l'Hiſtoire Univerſelle, 8. 1 vol. *Paris* 1754.

—— de la Philoſophie du Chancelier François Bacon, avec ſa Vie, 12. 2 vol. *Leyde* 1756.

Anatomie du Corps humain, par Diemerbroek, 4. 2 vol. *fig. Hambourg* 1753.

—— le même par Verdier, *nouv. édit.* augmentée d'un petit Traité de Miologie, 12. 2 vol. *Bruxelles* 1755.

—— ou Expoſition Anatomique de Winslow, *nouv. édit.* enrichie de Planches &c. 8. 4 vol. *Amſt.*

—— idem, 6 vol. *fig. Avignon* 1754

—— de la Meſſe, par Du Moulin, 8.

Anecdotes du XVI. Siecle, où intrigues de Cour, politiques & galantes avec les Portraits de Charles IX. Henri III & Henri IV. par Durand, 12. 2 vol. *Amſt.* 1710.

—— Hiſtoriques, Militaires, & Politiques, par Raynal, 8. 2 vol. *Amſt.* 1752.

—— de la Cour de Philippe Auguſte par Mlle. De Luſſan, 12. 6. vol. *Paris* 1741.

—— d'Henri II. par la même, 12. 2 vol.

—— Eccleſiaſtiques de Giannone, 8. *Amſt* 1738.

—— Perſannes, par Me. De Gomez, 12. 3. Part. *Amſt.* 1729.

—— Jéſuitiques, ou le Philotanus moderne, 12. 3 vol. *La Haye* 1740.

Annales de l'Empire, par M. De Voltaire, 8. 3 vol. *Francfort* 1755.

—— Romaines, 8. *Paris* 1756.

l'Année Litteraire, ou ſuite des Lettres ſur quelques Ecrits de ce tems, par M. Freron depuis 1754 & la ſuite, 12. 11 vol. *Paris* 1454--1755.

Anti-Lucrece, 12. 2 vol. *Paris* 1750.

Apologie des Jugemens rendus en France con-
tre le Refus des Sacremens, 12. 3 vol.
Paris 1752.

—— des Lettres Provinciales de Montalte, 12.
2. vol.

—— de M. l'Abbé de Prade, avec l'examen
de sa Thefe.

Apparat Royal [le petit] ou Dictionn. Fran-
çois & Latin &c. *nouv. édit.* augmentée
d'un grand nombre de mots françois qui ne
fe trouvent point dans les précedentes, 8.
Paris 1752.

Architecture ou l'Art de Bâtir, utile aux En-
trepreneurs & aux Ouvriers, par M. Cor-
demoy, *avec figur.* 4. *Paris* 1754.

—— Hydraulique, ou l'Art de conduire les
Eaux, par Belidor, 4 4 vol. *Paris* 1750.

Argumens & Reflexions d'Ostervald fur la
Bible, 4. *Neufchâtel* 1747.

Arithmetique de Barréme, 12. *Paris* 1752.

—— Raifonnée, par l'Abbé Morel, 8. *Paris*
1742.

—— mife en pratique dans le Commerce, par
Harroy, 12.

Art d'aimer, Poëme. *Nouv. édit.* augmentée,
8 *avec fig. Londres* 1750.

—— & le Reméde d'amour, traduit d'Ovide,
8. *fig. Amfl.* 1750.

Art de la Teinture des Leines, par Hellot,
12. *Paris* 1750.

—— de monter à Cheval, *nouv. édit.* aug-
mentée d'un Dictionnaire des termes du
Manege moderne avec figures gravées par
Piccard, fol. *Amfl.*

—— d'apprendre la Geographie fans Maitre,
12. *Utrecht* 1542.

Art de bien parler François, par la Touche, nouv, édit. 12. 2 vol. *Amst.*

—— de parler Allemand, par Leopold, 8. 2 vol. *Vienne* 1545.

—— d'orner l'Esprit en l'amusant, 12. 2 vol. *Paris* 1732.

—— de se tranquillifer dans tous les Evénemens de la vie, traduit du Latin du P. Sarraza, 12. 1755.

—— de faire des Garçons, ou Nouveau Tableau de l'Amour Conjugal, 12. 1755.

—— de conferver la santé des perfonnes valetudinaires, 12. *Paris* 1755.

—— de cultiver les arbres Muriers & d'élever les Vers à Soye, 12. 2 vol. *Paris* 1755.

—— de fe connoitre. *Voyez* Abbadie.

—— de la Guerre Pratique, par M. Ray de St. Geniez, 8. 2 vol. 1755.

—— des Cadrans, par Blaife, 8. *Paris* 1746

Aftruc, Traité des Maladies Veneriennes, 12. 4 vol.

Attaque & Defenfe des Places, par M. De Vauban, 4. 2 vol. *fig. La Haye* 1737.

—— le même, par M. Bardet de Ville-neuve, 8. 2 vol. *Amst.* 1752.

Avantures de Telemaque avec la Clef & figures, 8.

—— de Robinfon Crufoë, 12. 3 vol. *fig. Amst.* 1749.

—— de Weillams Pickle, 12. 4 vol. 1754.

B

B Abillard, ou le Nouvellifte Philofophe, traduit de l'Anglois de M. Steële, 12 2. vol. *Amst.* 1735.

la Bagatelle ou Difcours ironiques, par M. Van-Effen , 8. 2 vol. *Laufanne* 1743.

Jo. Barclai Argenis , *editio noviffima* , cum Clave , *hoc eft* , nominum propriorum elucidatione hactenus nondum editâ, 12. *Amft.* 1754.

Barnaud , Eclairciffemens & Réflexions fur les Evangiles & les Actes des Apôtres, 4. 5 vol. *Basle* 1751.

Batteux , Cours de Belles-Lettres , 12. 4 vol. *Paris* 1752.

—— Idem , *nouv. édit.* augmentée , 8. 4 vol *Liege* 1755. avec Vignettes en taille douce

—— Beaux Arts réduits à un même principe . 8. *Paris* 1747.

—— Traduction d'Horace , 12. 2 vol. *Paris* 1753.

Baumeifteri Inftitutiohes Philofophiæ rationalis , 8.

—— Idem recentioris , 8.

—— Idem Metaphyficæ , 8.

Beaufobre , Hiftoire Critique de Manichée & du Manichéifme , 4. 2 vol. *Amft.* 1739.

—— Supplement à l'Hiftoire des Huffites &c. 4. *Laufanne* 1745.

—— Sermons fur le XII. Chap. de l'Epitre de St. Paul aux Romains, & fur le XI. de l'Evangile felon St. Jean, 8. 4 vol. *Laufanne* 1755.

—— Remarques Hiftoriques & Critiques fur le Nouv. Veftament , 4. *Holland.* 1746.

Bible [la Sainte] avec les Argumens & Réflexions d'Oftervald , *nouv. édit.* fur grand & petit papier, fol. *Neufchâtel* 1744.

—— revuë & corrigée par S. Scholl, fol. avec *fig. Bienne* 1746.

—— in-octavo , retouchée par P. Roques , *Basle* 1744.   Bible

L. | S.

Bible [la Sainte] de Mr. Martin avec de petites Notes & les Pſaumes en muſique, 4. 2 vol. *La Haye* 1743.

—— traduite ſur la Vulgate, par M. De Sacy avec des Notes tirées des S S Peres & des meilleurs Interprétes, pour l'intelligence des endroits les plus difficiles, 12. 23 vol.

Biblia Græca David. Millii, 8. 2 vol. *Amſt.* 1725.

—— Hebraïca ſine punctis, 8. *Holl.* 1701.

Bibliotheque poëtique, ou nouveau Choix des plus belles Pieces en vers, depuis Marot juſqu'aux Poëtes de nos jours, avec leur Vies & des Remarques ſur leurs Ouvrages, 12. 4 vol. *Paris* 1745.

—— des jeunes Négociants, 4. *Lyon* 1747.

—— de Campagne, ou Amuſement de l'Eſprit & du Cœur, 12. 18 vol. *Geneve* 1749

—— Choiſie & amuſante, 12. 6 vol. *Amſt* 1746.

—— Annuelle & Univerſelle, Année 1750. 12. 2 vol. *Paris* 1753.

les Bijoux indiſcrets, Hiſt. Indienne, 12. 2 vol. *fig.* 1753.

Boërhave, divers Ouvrages, 12. 5 vol. *Paris* 1743.

—— Inſtitutions de Médecine, avec le Commentaire de la Mettrie, 12. 6 vol. *Paris* 1752.

—— ſans Commentaire, 12 2 vol. 1739.

—— Elemens de Chymie avec *fig.* 8. 2 vol. *Paris* 1751.

Boileau. *Voyez* Oeuvres.

le Bombardier François, ou nouvelle Méthode de jetter les Bombes avec préciſion, par Belidor, *fig.* 4. *Amſt.* 1734.

Boſſuet,

L. |S.

Bossuet, Discours sur l'Histoire Universelle, 12. 2 vol. *Paris* 1744.

—— Histoire des variations des Eglises Protestantes, 12. 4 vol. sous *Amst.* 1750.

Brantome, Oeuvres diverses, 12. 15 volum. *La Haye* 1740.

Buffier, Elemens d'Histoire & de Geographie, 12. 2 vol. *fig. Paris* 1740.

—— Geographie, avec un Traité sur la Sphere, 12. *fig: Paris* 1753.

Burlamaqui, Principes du Droit Naturel, 4. *Geneve* 1749.

—— Idem, 8. 2 vol. *Paris* 1748.

—— Politique, 4. 1751.

—— Idem, 8. 2 vol. *Paris* 1751.

Buffi Rabutin, Lettres & Mémoires, 12. 9 vol. *Paris* 1751.

—— Histoire amoureuse des Gaules, 12. 2 vol. *Holl.* 1740.

C

CAbinet des Fées, 12. 9 vol. *Holl.* 1753.
le Calendrier des Jardiniers, qui enseigne ce qu'il faut faire dans le Potager, les Pepinieres, tous les mois de l'Année, 12. *fig. Paris* 1750.

Caractères de Theophraste, avec les mœurs de ce Siecle, par La Bruyere, 12. 4 vol. *Lyon* 1747.

—— Idem, *nouv. édit.* augmentée de quelques Notes, par M. Cofte, 12. 2 volum. *Amst.* 1747.

—— de Made. de Puyfieux, avec les Conseils à une amie, 8. 3 Part. *Geneve* 1751.

Catechisme de M. Bertrand, ou Instructions Chrétiennes. *Nouv. édit.* augmentée, 8. *Lausanne* 1756.

Catechifme d'Oftervald le grand , 8.

—— l'Abrégé, 8. & 12.

—— le même à l'Ufage des Ecoles de Charité , *Nouv. Edit. Corrigée* & augment. 1755.

—— de Pictet 8.

—— de Superville 8. *Geneve* 1744.

—— de Plantier, 8. *Holl.*

—— de Saurin. (le grand), 8.

—— de Berne, 8.

Caufes Célébres & intéreffantes par Gayot de Pittaval , 8. 22 vol.

Catilina Tragedie par M. Crebillon , 12. *Paris* 1749.

Cent & quatre hiftoires tirées du Vieux & du Nouv. Teftam. &c. 12. 1747.

Certitude des Connoiffances humaines , ou examen philofophique de la Raifon & de la Foi 8. *Londres* 1741.

Chyrurgie de la Faye *Principes de* 12, 1 vol

Chretiens anciens & modernes ou Abregé des Points les plus effentiels de l'Hiftoire Eclefiaftique, 8. *Londres* 1754.

le Chriftianifme Raifonnable &c. avec la Religion des Dames, trad de l'Anglois par M. Cofte, 8. *Amft.* 2 vol.

le Chef d'œuvre d'un Inconnu , de Mathanafius, 8. 2 vol. fig. *La Haye* 1754.

la Civilité Moderne, Francois-Allemand, 8. 1754.

Chimie Medicinale, contenant la maniere de préparer les Remedes les plus Ufités & la Méthode de les employer pour la guerifon des maladies , par Malouin, in 12. 2. vol. *Paris* 1755.

Clairaut Elemens de Geometrie , 8. *fig. Paris* 1753.

—— d'Algebre, 8. *Paris* 1749.

L. S.

Job.

Joh. Clerici opera philosophica, 12. 4 vol.
Amst. 1748.
Clarke, Traité de l'existence & attributs de
Dieu, 12. 3 vol. nouv. Edit. augm. 1756.
Code Frederic ou Corps de Droit pour les
Etats de sa Majesté le Roi de Prusse &c.
8. 3 vol. 1753.
—— de la Nature ou le Véritable esprit de
ses loix 8. 1755.
Colloquia Maturini Cordier. 8.
—— Erasmi cum Notis. 8. Ulmæ 1746.
Comedies de Terence avec la Traduction &
les Remarques de M. Dacier nouvelle Edit.
12. fig. 3 vol. Amst. 1747.
Plauti Comediæ 24. Holl.
Commencemens & Progrès de la Vraie Pie-
té, par Doddrige, 8. Basle 1755.
Commentaire sur la Traduction en vers de
l'Essai de Pope sur l'Homme de M. Du Res-
nel, par M. De Crousaz. 12. Geneve 1738.
Comptes faits de Barréme, 12. Paris 1754.
Confessions de St. Augustin. Trad. nouvelle,
avec des Notes par Dubois, 12. Paris 1745.
Connoissance de la Mythologie, par demandes
& par Reponses, 12. Paris 1745.
Conseils d'un Homme de qualité à sa fille,
par le Marquis d'Alifax, 12. La Haye &
Lausanne 1749.
—— de l'Amitié, 8. Francfort 1749.
Considerations sur la Grandeur & la Decaden-
ce des Romains, 12.
—— Idem, 8. Lausanne 1750.
—— sur les Mœurs, par M. Du Clos, 12.
1752.
—— sur le Génie & les Mœurs de ce Siecle,
12. Geneve 1751.
—— sur les Finances d'Espagne, 8. Dresde 1753.

Confiderations fur le Commerce & la Naviga-
tion de la Grande Bretagne , 12. *Geneve*
1749.

Confenfus ou Formulaire de confentement des
Eglifes Reformées de Suiffe , traduit en
François avec des Remarques.

Confolations de l'Ame fidelle contre les fray-
eurs de la mort , avec les difpofitions né-
ceffaires pour bien mourir &c. par Drelin-
court , 8. *Berlin* 1752.

—— Chrétiennes pour les Affligés , par Ben.
Pictet , 12. *Geneve* 1721.

Confultation de Médecine par Le Theuillier ,
12. 4 vol. *Paris* 1748.

—— choifies de plufieurs Medecins célébres de
Montpellier , 12. 8 vol. *Paris* 1748.

Contes & Nouvelles par Du Vergier , 8. 3
vol. *Hollande* 1743.

—— en Vers , par M. De la Fontaine , 8. 2
vol. avec de très belles fig. *Amft.* 1745.

—— le méme, 12. 2 vol. fig. *Hambourg* 1754.

Cours abrégé de Phyfique , fuivant les dernie-
res obfervations des Academies Royales de
Paris & de Londres , par Le Sage, 12. 1732.

—— de Science Militaire &c. par Bardet de
Ville Neuve , 8. 11 vol. fig. *La Haye.*

—— de Belles Lettres. *Voyez* Batteux.

—— d'Operations de Chirurgie , par Dionis ,
8. *dern. édit. fig. Paris* 1754.

—— de Chymie , par le Fevre , 12. 5 vol.
Paris nouv. édit. augment.

—— de Chirurgie , dicté aux Ecoles de Mé-
decine de Paris , par Col: de Vilars. , 12. 6
vol. *Paris* 1745.

—— de Mathematique , par M. Camus , 8.
4 vol. fig. *Paris* 1753.

Coutu-

Coutumier ou Loix & Statuts du Païs de Vaud,
　fol. 1616. en François & en Allemand.
la Cuiſiniere Bourgeoiſe, *nouv. édit.* 12. 2 vol.
　Paris 1715.
—— Idem , 12. 1 vol. *Bruxelles* 1753.
—— François , 12. *Lyon* 1751.
—— Royal Bourgeois , 12. 3 vol. *Amſt.* 1734.
Curioſités de la Nature & de l'Art ſur la Vege-
　tation , par Vallemont , 12. 2 vol. *Paris*
　1754.

D

DEfenſe de la Religion tant naturelle
　　que Revelée , traduit de l'Anglois de
M Burnet , 8. 6 vol. *La Haye* 1751.
—— de la Religion Reformée par M. Des
　Vœux , 8. 2 vol. *Amſterd.* 1736
—— & Critique de l'Eſprit des Loix avec les
　Pieces pour & contre. , 8.
—— de la Diſſertation de M. Turretin ſur les
　Articles fondamentaux de la Religion , 4.
Deidier , l'Arithmetique des Geometres , ou
　nouveaux Elemens de Mathematique , 4.
　avec fig. Paris 1740.
—— la Meſure des Surfaces & des Solides par
　l'Arithmetique des infinis , & les Centres
　de Gravité. 4. *fig.* 1740.
—— le Calcul differentiel , & le Calcul In-
　tegral , expliqués & appliqués à la Geome-
　trie , 4. *fig. Paris* 1740.
—— la Mécanique générale , contenant la
　Statique , l'Airometrie , l'Hydroſtatique ,
　& l'Hydraulique , 4. *fig. Paris* 1741.
—— Elemens des Mathematiques , néceſſaires
　à l'Artillerie & au Génie , 4. 2 vol. *figur.*
　Paris 1745.

Deidier, le Parfait Ingenieur François, *nouv.*
　édit. augmentée de la Relation du Siege de
　Lille & de celui de Namur, & enrichie de
　plus de 50 Planches, 4. *Paris* 1744.

Delices de la France, 8. 3 vol. *fig. Leyde*
　1748.

Description de l'Egypte, par le Mascrier, 12.
　2 vol. *Holland.* 1740.

Devoirs des Communians, par Ostervald, 8.
　Basle 1745.

—— de l'Homme & du Citoyen, par Puffen-
　dorff, 8. 2 vol.

la Devotion reconciliée avec l'Esprit, 12. 1755

Dictionnaire Universel des Drogues simples,
　contenant leurs Noms, Origine, Choix,
　Principes, Vertus, & ce qu'il y a de par-
　ticulier dans les Animaux, dans les Vege-
　taux & dans les Mineraux, par Lemery.
　nouv. édit. augmentée, 4. *avec figur.* en
　taille douce *Paris* 1748.

—— de Richelet, fol. 3 vol. *Basle* 1735.

—— Idem, *nouvelle édit.* considerablement
　augmentée, par M. Goujet, 4. 3 vol.
　sous presse.

—— Idem Abrégé, 8. 1 vol. 1756.

—— du Voyageur, 8. 2 vol. *Basle* 1746.

—— de la Fable, par Chompré, 8. *Paris*
　1750.

—— Idem, *nouv. édit.* augmentée, 1756.

—— de Danet, 4. 2 vol.

—— de Furetiere, fol. 4 vol. *Holland.*

—— de Commerce, fol. 4 vol. *Geneve.*

—— des Grands Hommes, 8. 2 vol. *Paris*
　1755.

—— Idem, *édit. d'Holland.* augmentée, 8.
　3 vol. 1755.

—— Geographique portatif avec la Carte, 8.
　Basle 1755.

Dictionnaire Comique, Satyrique, Critique, Burlesque, Libre & Proverbial, par Le Roux, 8. 2 vol. *Lyon* 1752.

—— d'Antonini, Français, Latin & Italien, 4. 2 vol. *Paris* 1748.

—— de Boyer, François Anglois, *nouv. édit.* augmentée, 4. 2 vol. *Amst.* 1752.

—— Idem, 8. 2 vol.

—— de Boudet, Universale Latino-Gallicum, 4. *Paris.*

—— de Rondeau, Français Allemand, *nouv. édit.* augm. par J. Buxtorf, fol. 2 vol. *Basle.*

—— Militaire, ou Recueil Alphabetique de tous les termes propres à la Guerre, *nouv. édit.* augm. 8. 2 vol. *Dresde* 1751.

—— des Proverbes Français & des façons de parler, Comiques, Burlesques & familieres, avec les Ethimologies des mots, 8. *Paris* 1749.

—— des termes du Manege moderne, par le Baron d'Eisemberg, fol. *Amst.* 1747.

—— de Veneroni, Italien & Français, 4. 2 vol. *Amst.*

—— Idem, en quatre Langues, 4. 2 vol.

—— de Castelli, Italien Allemand, 4. 2 vol.

—— d'Agriculture, Jardinage, Fauconnerie, Chasse, Pêche, Cuisine & Manege, 4. 2 vol. *Paris* 1751.

—— Economique, contenant divers moyens d'augmenter son Bien & de conserver sa Santé &c. par Chomel, fol. 4 vol. *avec fig. Nancy* 1740.

—— Français Espagnol par Sobrino, *nouv. édit.* augmentée, 4. 2 vol.

—— Universel de Médecine &c. *derniere édit.* augmentée, fol 6 vol. *avec fig. Paris* 1755.

—— des Beaux Arts, 8. 1 vol. *Paris* 1755.

Diction-

    L. | S.

Dictionnaire Manuel Lexique portatif des mots
Français, dont la signification n'est pas fa-
miliere à tout le monde, pour donner aux
mots leur sens juste & exact dans la lectu-
re, dans le langage & dans le style, avec
le Supplement, 8. 2 vol. *Paris* 1755.

—— Historique de la Médecine, &c. 8. 2
vol. 1755.

—— portatif de l'Ingenieur &c. par M. Be-
lidor, 8. *Paris* 1756.

—— [le Grand] Royal en trois Langues ;
savoir, la Française, la Latine & l'Alleman-
de, expliquées chacune par les deux au-
tres &c. par Pomai *nouv. édit.* augmentée,
4. 2 vol. *Leisig.* 1743.

—— [le Nouveau] Suisse, Français-Alle-
mand & Allemand-Français, par F. Louis
Poëtevin, 4. 2 vol. *Basle* 1754.

—— Geographique, contenant une descrip-
tion abregée des Empires, Royaumes,
Provinces & Etats du Monde, les Répu-
bliques, Villes, & principaux lieux de
chaque Pays ; les noms des Habitans, an-
ciens & modernes, des Fleuves & des Ri-
vieres &c. 4. *Neufchâtel* 1745.

—— Philosophique portatif, ou Introduction
à la connoissance de l'Homme, 8. 1756.

—— Français Languedocien &c. portatif,
8. 2 vol. 1756.

Discours sur l'Histoire Universelle, par Bossuet,
12. 2 vol. *Paris* 1753.

—— de Rousseau, sur l'origine & les fon-
demens de l'inégalité des conditions parmi
les Hommes, 12. *Dresde* 1755.

—— sur la Nature des Animaux, par Buf-
fon, 12. *Paris* 1754.

—— Academiques sur divers Sujets intéres-
sans,

fans, relatifs à la Religion, 8. *Laufanne* 1753.

Difcours Hiftoriques, Critiques & Politiques fur Tacite, traduit de l'Anglois de M. Gordon, 12. 3 vol. *Amft.* 1751.

Differtation Critique fur la partie Prophetique de l'Ecriture Sainte, 12. 1751.

—— Sur les Loix par Formey, 8. 1752.

—— fur la Raifon de la Guerre & le Droit de Bienfeance, par Strude, 8. 1734.

Divination [les deux Livres de la] de Ciceron, par l'Abbé Regnier, 12. *Paris* 1710

la Doctrine des Proteftans juftifiée par le Miffel Romain, avec un Commentaire Philofophique fur ces paroles de J. Chrift, *Ceci eft mon Corps ; Ceci eft mon Sang*, par De la Barre, 12. *Geneve* 1720.

Droit de la Nature & des Gens, 4. 2 vol. *Basle* 1750.

—— de la Guerre & de la Paix, 4. 2 vol. *Basle* 1746.

—— Public & Germanique, où l'on voit l'Etat prefent de l'Empire, 8. 2 vol. *Amft.* 1751.

E

Ebauche des Loix Naturelles & du Droit Primitif, par F. H. Strube de Piermont, *nouvelle édit.* 4. *Amft.* 1744.

Eclairciffemens & Réflexions fur l'Evangile de N. Seigneur J. Chrift & fur les Actes des Apôtres, par Barnaud, 4. 5 Part. *Basle* 1747.

Ecole du Jardin potager, 2 vol. *Paris* 1752.

—— des Arpanteurs avec un Abrégé du Nivellement, 8. *Paris*

—— de Cavalerie par De la Guëriniere, fol. fig. *Paris* 1751.

Ecole de Cavalerie, le même, *nouv. édit.* 8.
2 vol. *fig.* 1756.

—— du Gentilhomme, ou Entretien de feu
M. le Chevalier de B * * * avec le Comte
fon Neveu, fur l'Héroïfme & le Héros,
12. *Laufanne* 1754.

Education des Enfans, par M. Locke,   2.
2 vol. *Laufanne* 1746.

—— des Filles par Fenelon, 12. *Amft.* 1754.

Elemens de la Philofophie moderne, par
Maffuet, 2 vol. *fig. Holl.*

—— de Chymie pratique par Macquer, 12.
3 vol. *fig. Paris* 1751.

—— de Chymie par Boerhave, 8. 2 vol. *fig.*
Amft. 1752.

—— de la Poëfie, 3. vol. *Paris* 1753.

—— de Géometrie par Clairaut, 8. *figur.*
Paris 1751.

—— de Mathematiques, par Rivard, 8. *Paris*

—— d'Euclydes, par Dechalles & Ozanam,
8. 1753.

—— de la Geographie, par Bourdon, 8. *La*
Haye 1754.

—— d'Hiftoire & de Geographie, par Buf-
fier, 2 vol. *Paris* 1754.

—— de Phyfique &c. traduit du Latin de
Gravefande, par de Joncourt, 4. 2 vol
Leyde 1746. avec 127. Planches en taille
douce.

—— de la Philofophie moderne, la Pneu-
matique, la Metaphyfique, la Phyfique ex-
perimentale, le Siftême du Monde fuivant
les nouvelles decouvertes, *avec figures*,
par P. Maffuet, 12. 2 vol. *Paris* 1752.

—— [nouveaux] de la Geometrie reduite à
fes vrais Principes, par M. Blaife, 4. *Paris*
1743.

Elite

Elite des bons mots, 12. 2 vol. *Amst.* 1745.

Eloge de la Folie, par Erasme, 8. *fig. Amst.*

Eloquence Chrétienne dans l'Idée & dans la Pratique, par le P. Gisbert, *nouv. édit.* où l'on a joint les Remarques de M. Lenfant, 12. *Amst.* 1748.

Entretiens des Voyageurs sur mer, 4 vol. *fig. Holl.* 1740.

—— solitaires d'une Ame devote avec son Dieu, 12. 1747.

—— pieux d'Ostervald, 8.

—— d'un Européen avec un Insulaire du Royaume de Dumocala, par Sa Majesté le Roi de Pologne, 12. *nouv. édit. Paris* 1755.

Espion Turc dans les Cours des Princes Chrétiens &c. *fig.* 7 vol. *Holl.* 1742.

Esprit des Loix, 8. 3 vol. *Geneve* 1753.

—— Idem, 12. 3 vol. *Nouv. édit.* augm. 1756.

Essai Politique sur le Commerce, 8. 1 vol. *Amst.* 1742.

—— de Montagne, avec des Notes, par M. Coste, 12. 7 vol. *Londres.*

—— sur l'Homme, par Pope, 4. *figur.* en taille douce 1745.

—— Idem, 12. *Lausanne* 1738.

—— sur la Marine & le Commerce, *Amst.* 1743.

—— de Physique, par Van Muschenbroek, 4. 2 vol. *fig. Leyde* 1751.

—— de Cosmologie, par De Maupertuis, 8. *Leyde* 1751.

—— sur l'Electricité des Corps, par Nolet, *fig. Paris.*

—— d'un Sistéme nouveau, concernant la Nature des Etres spirituels, 8. 4 vol. 1742.

Essai, contenant les Ordonnances & l'Usage qui ont derogé au Coutumier du Païs de Vaud &c. par M. Pillichody , 12. *Neuf-châtel* 1756.

—— sur l'Architecture , 8. *Paris* 1753.

—— sur la Police générale des Grains , sur leur Prix , & sur les effets de l'Agriculture, 12. *Berlin* 1755.

—— d'une nouvelle Theorie de la Manœuvre des Vaisseaux , par Jean Bernoulli , 8. *Basle* 1754.

—— Philosophique sur l'Entendement humain, traduit de l'Anglois de Locke , par M. Coste, 4. *Amst.* 1723.

—— de la Pharmacopée des Suisses &c. 12. *Berne* 1709.

Exercice du Ministere Sacré , par Ostervald . 8. *Basle* 1739.

Exposition de la Doctrine Chrétienne , par Mesangui , 12. 6 vol. *Paris.*

—— Anatomique du Corps humain, par Wins-low , 5. vol. *Paris* 1743.

Extrait des Procès Verbaux du Clergé de Fran-ce, 12. 2 Parties.

Ethicæ Christianæ Compendium Ostervaldi , &c. 8.

F

Fables de La Fontaine , 8. 2 vol. *figur.* *Paris* 1753.

—— Idem , 8. 2 vol. avec *fig. Holl.* 1754.

—— Idem , choisies , traduites en Vers La-tins , & autres Pieces de Poësie Latines & Françaises , 1 vol. *Anvers* 1738.

—— Héroïques, selon les plus saines Maxi-mes de la Politique & de la Morale , par Bru-

Bruzen de la Martiniere, avec *figur.* en taille douce, 8. 2 vol. *Amst.* 1754.

Fables d'Esope avec celles de Philelphe, *trad. nouv.* &c. par M. De Bellegarde 8. *avec figures Berlin* 1751.

—— d'Esope [Elite des] ou Esope en belle humeur, *avec fig.* &c. *nouv. edit.* augm. par Charl. Mouton, 8. 2 vol. *Hambourg* 1750.

—— de Phedre, avec les Fables que M. De la Fontaine a composées à l'imitation de Phedre, 8. *Breslau* 1751.

la Figure de la Terre déterminée par les observations de MM. De Maupertuis, Clairaut, Camus, le Monnier, &c. 8. *Paris* 1738.

Antonini Fizez Opera Medica de Tumoribus, Suppuratione, Cataractâ &c. his accessit de hominis Generatione Exercitatio, 12. 2. vol. *Paris* 1751.

Fontenelle, ses Oeuvres diverses, 12. 8. vol. *Paris* 1753.

G

Geographie [Méthode abregée & facile pour apprendre la] &c. conforme aux dernieres Observations de l'Académie des Sciences, des R R. P P. Jésuites & autres Astronomes, 12. *Paris* 1745.

—— [Méthode pour étudier la] &c. par Lenglet Dufresnoy, 2 Part. 12. *Paris* 1742.

—— Historique Ecclésiastique & Civile, ou Description de toutes les parties du Globe Terrestre, enrichie de 72. Cartes Geographiques, par Dom Vaissette, 12. 12 vol. *Paris* 1755.

　　　　　　　　　　　L. |S.

Geographie des Enfans, où Méthode abregée
　　de la Geographie, divisée par leçons &c.
　　par Lenglet Dufresnoy, 8. *fig. Amst.* 1744
—— Universelle, par Buffier, avec le Traité
　　de la Sphere, 12. avec 18. Cartes *Paris*
　　1751.
—— Universelle, par Hubner, 8. 6 volum.
　　Basle 1746.
—— [Elemens de] par Bourdon, 8. *La Haye*
　　1744.
—— Méthode pour étudier la Geographie,
　　où l'on donne une Description exacte de
　　l'Univers &c. par Lenglet Dufresnoy, 12.
　　7. vol. *fig Paris* 1742.
—— moderne, Nationale, Historique & Po-
　　litique, dans une Méthode nouvelle, par
　　Dubois avec *fig.* 4. 4 vol. *La Haye* 1736.
—— Générale de Varenius, augmentée par
　　Jaques Jurin, avec *fig.* en taille douce,
　　12. 4 vol. *Paris* 1755.
—— rendue aisée, ou Traité méthodique pour
　　apprendre la Geographie, avec un Abrégé
　　de la Sphere & une Table très ample en
　　forme de Dictionnaire, 8. *Paris* 1753.
Gnomonique Universelle ou la Science des
　　Cadrans, par Blaise, 8. *Paris* 1744.
—— le même par Rivard, 8 *Paris* 1754.
Gouvernement Civil de Locke, où l'on traite
　　de l'Origine, des Fondemens de la Natu-
　　re, du Pouvoir & des fins des Sociétés po-
　　litiques, *nouv. édit.* augm. 12. *Paris* 1754
la Grace, Poëme de M. Racine, 12. *Paris*
　　1754.
Grammaire Françoise Angloise, par Miege &
　　Boyer, 12. *Paris* 1750.
—— Française-Allemande, par Pepliers, 12.
　　Leipsig 1735.

　　　　　　　　　　　　　　　　Gram-

Grammaire Italienne-Française, tirée du Maitre Italien de Veneroni, 12 *Genes* 1745.

—— Nouvelle Espagnole & Française, par Sobrino, 12. *Paris* 1740.

—— Française-Allemande, dédiée à Madame la Dauphine, 8. 1753.

—— Raisonnée, Française-Italienne, par Antonini, 12. *Paris* 1750.

—— Française-Italienne, à l'usage de Don Philippe.

—— Française-Allemande, par Poëtevin, 12 *Lausanne* 1745.

—— Italienne & Allemande de Cramer, 8 *Nuremberg* 1750.

—— de Restaut. *Voyez* Principes.

—— de Girard. *Voyez* Principes.

—— Allemande-Française, par Jean Du Grain 8. *Leipsig* 1746.

—— Française-Italienne, par Mr. M * * *, 8. *Lyon* 1744.

—— Italienne-Allemande, par Spessoti, 8. *Rome* 1749.

—— la même par Cramer, 8. *Nuremb.* 1750.

—— Angloise-Française, par Miege & Boyer 12. *Paris* 1750.

Georgii Ernesti Sthalii Opusculum Physico-Medicum, 4. 1740.

Gorter, Medicinæ Compendium, 4. 2 vol. 1749.

Gratiani de Scriptis invitâ Minervâ cum Adnotationibus, 4. 2 vol. *Florentiæ* 1745.

Hugo Grotius de Veritate Religionis Christianæ : *Editio accuratior* Joan. Clerici &c. Libri duo, 8 *Hagæ Comitis* 1724.

—— Idem en Français, 12. 2 vol. *Paris* 1754.

le Guerrier Philosophe, ou Mémoires de Mr. le Duc de * * *, 8. 2 vol. *Amst.* 1744.

Hague-

H

Haguenot Tractatus de morbis Capitis externis, 12. 1751.

Helvetii Principia Physico‑Medica in Tyronum Medicinæ gratiam conscripta, 4. 2 Tom. 1754.

Heineccii JCti. Antiquitatum Romanarum Jurisprudentiam illustrantium Syntagma, *édit. nova*, 8. 2 Tom. *Basileæ* 1742.

Heisteri Institutiones Chirurgicæ, 4. 2 Tom. *cum figur. Amst.* 1750.

Heures Paroissiales, à l'usage des Laïques, 12. 5 vol. *Paris* 1726.

Histoire Universelle de De Thou, 4. 11. vol. *Basle.*

—— du Concile de Trente, par Fra‑Paolo, traduit en Français, avec des Notes Critiques, Historiques & Theologiques, par le Courrayer, 4. 3. vol. *Amst.* 1751.

—— des Empereurs, par Crevier, 4. 6 vol. *Paris* 1755.

—— Idem 12. 12 vol. *Paris* 1755.

—— Universelle depuis le commencement du monde jusqu'à présent, 4. 14 vol. *Amst.* 1754.

—— d'Angleterre, par Rapin Thoyras, *nouv. édit.* augmentée des Notes de M. Tindal, 4. 16 vol. *La Haye* 1749.

—— des Plantes qui naissent aux environs d'Aix, & dans plusieurs endroits de la Provence, par Garidel, fol. avec *fig. Aix* 1755.

—— des Guerres d'Italie, traduit de l'Italien de Guichardin, 4. 3 vol *Londres* 1738.

—— de l'Eglise & de l'Empire par Le Sueur, depuis la naissance de J. Christ jusqu'à la fin

fin du XI. Siecle, 4. 11 vol. avec *fig.*
Amst. 1730.
Histoire des Juifs, par Prideaux, 4. 2 vol
Amst. 1744.
————— par Arnaud d'Andilly, 12. 6 vol.
Paris 1744.
——— Civile du Royaume de Naples, traduit
de l'Italien de Giannone, avec de nouvel-
les Notes, Réflexions & Medailles qui ne
se trouvent point dans l'Edition Italienne,
4. 4 vol. *La Haye* 1742.
——— Idem en Italien, 4. 4 vol.
——— Navale d'Angleterre depuis la Conqué-
te des Normands en 1066. jusqu'à la fin
de 1734. 4. 3 vol. 1751.
——— Naturelle, Générale & Particuliere,
avec la description du Cabinet du Roi, or-
née de figures gravées par J. Van der Sche-
ley, Eleve du célebre Picart le Romain, 4.
3 vol. *La Haye* 1750.
——— du Prince Eugene, enrichie des Plans
des Batailles, des Sieges & des medailles
néceffaires pour l'intelligence de cette His-
toire, 8. 5 vol. 1750.
——— de la Confederation Helvetique, par M.
de Vatteville, 8. 2 vol 1754.
——— du Stadhouderat, augmentée par Rouf-
fet, 8. 1749.
——— du Parlement d'Angleterre, par Ray-
nal, 8. *Londres* 1748.
——— de la Pairie de France & du Parlement
de Paris, où l'on traite des Electeurs de
l'Empire & du Cardinalat, par M. D. B.
8. 2 vol. *Londres* 1745.
——— de la Ste. Bible, par Hubner, 8. *fig.*
Bienne 1753.

D

Histoi-

Histoire du Vieux & du Nouveau Testament, par Royaumond, 8. *Bruxelles* 1751:

—— des Arabes sous le Gouvernement des Califes, par Marigni, 12 4 vol. *Paris* 1751.

—— Moderne des Chinois, des Japponois, des Indiens, des Persans, des Turcs, des Russiens &c. 12. 4 vol. *Paris* 1756.

—— des Revolutions de Pologne depuis le commencement de cette Monarchie, par Des Fontaine, 12. 2 vol.

—— —— de Suede par Vertot, 2 vol. *Paris* 1755.

—— —— d'Angleterre par d'Orlean, 4 vol.

—— Romaine par Vertot, 12. 3 vol.

—— de Genes, depuis son établissement jusqu'à la Paix de 1748. 12. 3 vol. *Paris* 1752.

—— du Droit Public, Ecclesiastique Français avec la Vie d'Alexandre VI. & de Leon X. 12. 2 vol. 1750.

—— du Christianisme d'Ethyopie & d'Armenie, par Martin Veissiere La Croze, 1 vol. 1739.

—— des Evénemens dans la plûpart des Cours de l'Europe pendant les années 1733. jusqu'à 1737. 12. 5 vol.

—— du Gouvernement de Venise, avec des Notes Historiques & Politiques, par Amelot de la Houssaye, 12. 3 vol. *fig.* 1740.

—— Romaine de Tite-Live, traduit par M. Guerin, 12. 11 vol. *Paris* 1751.

—— Idem édition d'Hollande, 11 vol.

—— de l'Empereur Jovien par la Bletterie, 12. 2 vol *Paris* 1748.

—— de la Reformation de la Suisse, par M. Ruchat, 12. 6 vol.

—— de Geneve par Spon, avec *fig.* 12. 4 vol. 1730.

Histoi.

Hiſtoire *la même*, 4. 2 vol. avec *fig.* en taille douce, *Geneve* 1730.

—— Obligations & Statuts de la Confraternité des Franc-Maçons, 8. 1742.

—— des Chevaliers de Malthe, 12. 5 vol. *Paris* 1726

—— Militaire de Charles XII. Roi de Suede depuis l'an 1700. juſqu'en 1709. par Mr. Guſtave Adlerfeld, 12. 4 vol. *Amſt.*1740

—— Ancienne de Rollin, 12. 14 vol. *Paris* 1747.

—— Militaire des Suiſſes, par Zurlauben, 12. 8 vol. *Paris* 1753.

—— de Grece, par M. Temple Stanyan, 12. 3 vol. *Amſt.* 1744.

—— Générale de Pologne par Solignac, 12. 5 vol. *Amſt.* 1751.

—— de Louis XI. par Duclos, 12. 3 vol. *fig. Amſt.* 1746.

—— du Regne de Louis XIII. par Le Vaſſor, 12. 19 vol. *Amſt.* 1750.

—— Militaire du Regne de Louis le Juſte treizieme du nom, Roy de France, par M. Ray de St. Geniez, 12. 2 vol. *Paris* 1750

—— de la République de Genes depuis ſon etabliſſement juſqu'à préſent, 12. 3 vol. *Paris* 1742.

—— de France par le P. Daniel, 12. 16 vol. *Holland.* 1751.

—— Idem [Abrégé de] par le même, 12. 12 vol. *Paris* 1751.

—— Idem [Abrégé de] par l'Abbé Velly, 12. 4 vol. *Paris* 1755. & 1756.

—— de l'Empire par le P. Barre, 4. 11 vol. *Paris* 1755.

Hiſtoi-

Hiſtoire Raiſonnée des Rois de Rome, par Mr. Paliſſot, 12. 2 vol. 1756.

— des Paſſions, 12. 2 vol. *Hollaud.* 1751.

— Politique du Siecle, où ſe voit developée la conduite de toutes les Cours, d'un Traité à l'autre, depuis la Paix de Weſtphalie, juſqu'à la derniere Paix d'Aix la Chapelle incluſivement, &c. 12. 2 vol. 1755.

— Hiſtoire des Iconoclaſtes &c. par Maimbourg, 12 2 vol. *Paris* 1729.

— du grand Schiſme d'Occident par le méme, 12. 2 vol. *Paris* 1723.

— [Abrégé de] de l'Ancien Teſtament où l'on a conſervé les propres paroles de l'Ecriture Sainte avec des Eclairciſſemens & des Réflexions, de même que le Nouveau Teſtament traduit en françois avec des Notes Litterales pour en faciliter l'intelligence, par Meſangui, 12. 18 vol. *Paris* 1753.

J

le **J** Ardinier Solitaire, avec des Réflexions ſur la Culture des Arbres, 12. avec *fig.* *Paris* 1751.

le Jeu des Echecs, traduit de l'Italien de Gioachino Greco Calabrois, 12. *Liege* 1741.

l'Illuſtre Payſan, ou Avantures de Daniel Moginié &c. 8. *Lauſanne* 1754.

Introduction à l'Hiſtoire Générale & Politique de l'Univers, par Puffendorf, 12. 11 vol. avec *fig. Holl.* 1743.

— à la Geometrie pratique par Daudet, 12. 3 vol. avec *fig. Paris* 1740.

Inſtruction Chrétienne diviſée en V. Vol. ſeconde étit. retouchée & augmentée de quelques Pieces par M. le P. V., 12. *Geneve* 1756.

Intro-

Introduction à l'Histoire de Dannemarc, où
l'on traite de la Religion, des Loix, des
Mœurs & des Usages des anciens Danois,
par Mallet, 4. *Copenhague* 1755.

Júltini Historiæ Philippicæ ex recensione Joan.
Grævii cum Indice, 24. *Holland.*

Juvenalis & Persii Flacci Satyræ, 24. *Holl.*

le Journal Etranger, par M. Freron, Ouvra-
ge Periodique, 12. 14 vol. depuis Janvier
1755. *Paris.*

—— Economique, ou Mémoires, Notes &
Avis sur les Arts, l'Agriculture, le Com-
merce, & tout ce qui peut y avoir rapport,
ainsi qu'à la conservation & à l'augmenta-
tion des Biens des Familles, Ouvrage Pe-
riodique 12. depuis Janvier 1751. jusqu'à
Janvier 1756. La suite à mesure qu'elle pa-
roitra.

L

LEctures sérieuses & amusantes, 12. 6
vol. *Geneve* 1753.

Lettres [Recueil des] de Made. De Sevigné,
nouvell. édit. augmentée, 12. 8 vol. *Paris*
1754.

—— Mémoires & Négociations de M. le Com-
te d'Estrade, 12. 9 vol. *Holl.* 1743.

—— de Bayle avec des Remarques, par M.
De Maizeaux, 12. 5 vol. *Holl.* 1751.

—— de Mad. Du Moutier, 12. 1756.

—— & Mémoires du Comte de Bussy Rabu-
tin, 12. 9 vol. *Amst.* 1752.

—— de l'Evêque de Senez à l'Archevêque
d'Ambrun, 4. 1728. avec la Consultation
des Avocats du Parlement de Paris, sur le
Jugement rendu contre lui dans le Concile
d'Ambrun.

                                                    L.   S.

Lettres de Rousseau sur differens sujets de Litterature, 12. 5 vol. 1750.

—— & Vie de Made. de Maintenon, 12. 3. vol. 1755.

—— sur ceux qui se croient inspirés, par B. Pictet, 12.

—— & Negociations de M Jean De Witt, 12. 5 vol. *Holland*.

—— de M. de Feuquieres, 12. 3 vol. *Holl.* 1754.

—— de Critique, de Litterature, d'Histoire &c. écrites à divers Savans de l'Europe, par Cuper, 8. *Amst.* 1743.

—— de Calvin, 8. *Amst.* 1744.

—— d'un Philosophe, où l'on prouve que l'Athéïsme & le déreglement des Mœurs ne sauroient s'établir dans le Siftéme de la Nécessité, 8. 1751.

—— Pastorale contre le Fanatisme aux Mennonites de Frize, par Jean Stinstra, 8. *Leyde* 1752.

—— Angloises, ou Histoire de Miss. Clarisse Harlove, 8. 12 vol *fig. Dresde* 1751.

—— de Mylord Bollingbrock sur l'Esprit du Patriotisme &c. 8. *Edimbourg* 1750.

—— Provinciales par Louis de Montalte, avec les Notes de Wendrock, 8. 4 vol. *Cologne* 1739.

—— Juives par le Marquis d'Argens, 12. 7 vol.

—— Choisies de M. Flechier, avec une Rélation des Fanatiques du Vivarez, & des Réflexions sur les differens caractéres des Hommes, 12. *Lyon* 1747.

—— sur la Religion essentielle à l'homme, *nouv. édit.* augmentée, par Made. Hubert, 8. 5 vol. 1756.

—— sur le Theatre Anglois, avec une traduction

tion de l'Avare, Comedie, de la Femme
de Campagne, de M. Wicherlei, 12. 2
vol. 1752.

Lettre d'un Patriote sur la Tolerance Civile des
Protestans de France, & sur les avantages
qui en résulteroient pour le Royaume, 8.
1756.

Linnæi Amœnitates Academicæ, seu Disserta-
tiones variæ, Physicæ, Medicæ, Botani-
cæ, cum Tabulis Æneis, 8. *Hulmæ* 1749

— Ejusdem Systema Naturæ, cum Tabulis
Æneis, 8.

la Logique, ou Sistéme de Réflexions &c.
par M. De Crousaz, 12. 6 vol. *Lausanne*
1741.

— le même, 8. 2 vol. *Amst.* 1737.

— ou l'Art de penser, contenant plusieurs
observations nouvelles, propres à former le
Jugement, 12. *nouvelle édit.* augmentée.
Utrecht 1751.

— ou Réflexions sur les forces de l'Enten-
dement humain, &c. par M. Wolff, 8.
Lausanne 1744.

les Loix des Batimens, suivant la coutume de
Paris, Ouvrage utile aux proprietaires &
aux Locataires, 12. 2 vol. *Paris* 1754.

les Loix Civiles, dans leur ordre naturel, le
Droit public, & Legum Delectus, par Do-
mat, *nouv. edit.* augmentée, fol. 2 vol
Paris 1745.

M

MAison Rustique [la nouvelle] ou Eco-
nomie générale de tous les biens de
Campagne, la maniere de les entretenir &
de les multiplier, 7me. *édit.* augmentée
&

L. | S.

& mise en meilleur ordre, avec la Vertu des Simples, l'Apothicairerie, & les Décisions du Droit François sur les matieres Rurales, avec *fig.* en taille douce, 4. 2 vol. *Paris* 1755.

le Maitre Italien par Veneroni, 9me. *édition Paris* 1709.

des Maladies occasionnées par les promptes & frequentes variations de l'air &c. avec la méthode de les guerir, par Raulin, 12. *Paris* 1752.

de la Maladie des Os, par M. Petit, 12. *Paris* 1749.

Maniere d'enseigner les Belles Lettres, par Rollin, 12. 4 vol. *Paris* 1748.

—— le même Abrégé , 12. 1 vol. *Avignon* 1754.

—— de Negocier avec les Souverains, par de Callieres, *nouv. édit.* augmentée, 12 2 vol. 1756.

—— de bien Penser dans les Ouvrages d'esprit, par Bouhours, 12. *Paris* 1743.

Manuel Lexique. *Voyez* Dictionnaire.

—— Philosophique ou précis Universel des Sciences, 8. 2 vol. *Paris* 1748.

Marechal [le nouveau Parfait] ou la connoissance générale du Cheval, avec un Dictionnaire des termes de Cavalerie, avec *fig.* en taille douce, 4. *La Haye* 1741.

Mélanges Philosophiques par Formey, 12. 2 vol. *Leyde* 1754.

Mémoires concernans Christine Reine de Suede, pour servir à l'Histoire Civile & Litteraire de son tems, suivis de deux Ouvrages de cette savante Princesse, qui n'ont jamais été imprimés, 4. 2 vol. *Amst.* 1751.

Mémoi-

Mémoires ou Essai pour servir à l'Histoire de M. Le Teillier, 8. *Amst.* 1740.

—— Posthumes de M. Loys de Cheseaux sur divers Sujets, d'Astronomie & de Mathematiques, avec de nouvelles Tables très exactes des moyens mouvemens du Soleil & de la Lune, 4. *Lausanne* 1754.

—— sur le Differend entre le Pape & le Canton de Lucerne, 8. 1727.

—— Apologetique pour Messire François Favre, Prêtre, Protonotaire Apostolique, 12. 2 vol. 1747.

—— & Léttres de Ninon de Lenclos, 12. 1755.

—— de Gaudence de Lucques, Prisonnier de l'Inquisition, *nouv. édit.* augmentée, 12. 4 vol. *fig. Holl.* 1754.

—— Turcs, ou Histoire Galante de deux Turcs pendant leur sejour en France, 12. 2 vol. *Holl.* 1752.

—— de M. l'Abbé de Montgon, 12. 7 vol.

—— Secrets de la République des Lettres, ou le Theatre de la Vérité, par l'Auteur des Lettres Juives, 12. 6 vol. *Holl.* 1743.

—— pour servir aux Mœurs du XVIII. Siecle, 12. 1752.

—— —— à l'Histoire des Spectacles de la Foire, 12. 2 vol. *Paris* 1753.

—— du Duc de Sully, avec des Remarques, par M. De l'Ecluse, *nouv. édit.* 12. 8 vol. *Geneve* 1752.

—— de M. De Berval, 8. *Amst.* 1752.

—— pour servir à l'Hist. de Brandebourg, avec quelques autres Pieces intéressantes, 8. 2 Part. avec *fig.* 1751.

—— pour servir à l'Histoire de Port-Royal,

E

Royal, par M. Fontaine, 12. 4 vol. *Paris* 1751.

Mémoires sur la Vie de Jean Racine, avec un Recueil de ses differens Ouvrages, 12. 2 vol. 1746.

—— de Physique pure, sans Mathematiques, de toutes les Académies de Sciences, rassemblés en un seul Corps, & rangés selon l'ordre de leur publication, Tom. I. 4. avec *fig. Lausanne* 1754. La suite à mesure qu'elle paroîtra.

—— pour servir à l'Histoire de la Fête des Foux, qui se faisoit autrefois dans plusieurs Eglises, par M. Du Tillot, 4. avec *figures Lausanne* 1741.

—— Theologique & Politique au sujet des Mariages Clandestins des Protestans de France &c. 8. 1756.

—— pour servir à l'Histoire des Insectes, par De Reaumur, 4. 6 vol. *Paris* 1755. avec *fig.* en taille douce.

—— particuliers pour servir à l'Histoire de France, sous le Regne de Henri III., de Henri IV., sous la Regence de Marie de Medicis, & sous Louis XIII. &c. 12. 4 vol. *Paris* 1756.

Ménage des Champs, contenant le Cuisinier Français, 12. avec *fig. Paris* 1752.

Métamorphose d'Ovide traduit en Français avec des Remarques &c par Banier, 12. 3 vol. avec *fig.* en taille douce *Paris* 1742.

Methode pour apprendre l'Histoire Romaine, 12. 1750.

—— nouvelle pour apprendre facilement la langue Grecque, par MM. de Port-Royal, 8. *Paris* 1754.

les Mœurs , 12. *figures* 1752.

le Monde Joué, ou Mémoires pour servir à l'Histoire du Genre-Humain , 12. *Berlin* 1753.

Morale Chrétienne, par M. Ostervald, 8. 1740.

—— ejusdem Æthicæ Compendium , 8. 1739.

—— ejusdem Theologiæ Compendium, 8. 1755

Morale Chrétienne , ou l'Art de bien vivre , par Pictet, 12. 8. vol.

Mythologie, ou l'Histoire des Dieux &c. par Dupuy, 12. 2 vol. *Paris* 1731.

—— ou Recueil des Fables Grecques , Esopiques & Sybaritiques , mises en Vers français , avec des Notes & des Réflexions , par M. Pierre Defrasnay , 12. 2 vol. *Orleans* 1750.

—— ou les Fables expliquées par l'Histoire , par Banier , 12. 8 vol. *Paris* 1738.

N

la N Ecessité du Culte Public, établie & défendue contre la Lettre de Mr. D. L. F. D. M. sur les Assemblées des Religionnaires en Languedoc , par M. De la Chapelle , *nouvelle édit.* augmentée , 12 2 vol 1747.

le Négociant Anglois, contenant divers Mémoires sur le Commerce de l'Angleterre avec la France, le Portugal & l'Espagne , 12. 2 vol. *Paris* 1753.

Nieupoort, Rituum qui olim apud Romanos obtinuerunt succincta explicatio, 8. *figur.* *Argentorati* 1743.

Nolet, Leçons experimentales de Physique , 12. 5 vol. avec *fig.* *Paris* 1756.

—— le Tome V. séparément.

Nolet, Essay sur l'Electricité des Corps, *fig.* 8.

——— Lettres & Recherches sur les Causes de l'Electricité, 12. 2 vol. *Paris* 1753.

Nouveau Testament traduit en Français avec des Notes Litterales, 12. *Paris* 1754.

——— avec des Réflexions morales par Quesnel, 12. 8 vol. *Holl.* 1728.

le Nouvelliste Economique & Litteraire, 8. 10 vol. *La Haye* 1755.

O

OBfervations sur la Grossesse & l'Accouchement des Femmes &c. par Mauriceau, 4. 2 vol. *Paris* 1738.

——— de Physique & d'Histoire Naturelle sur les Eaux Minerales de Dax, de Bagneres, & de Barege &c. avec l'Histoire de l'Electricité, par De Secondat, 12. *Paris* 1750.

——— Historiques & Critiques sur le Mahometisme, ou traduction du Discours Préliminaire, mis à la tête de la Version Angloise de l'Alcoran, publiée par George Sale, 8. *Geneve* 1751.

——— de Chirurgie par Le Dram, 12. 2 vol. 1754.

Oeuvres de Cochin Avocat au Parlement de Paris, contenant le Recueil de ses Mémoires & Consultations, 4. 6 vol. *Paris* 1755. & 1756.

——— diverses sur la Religion par Verenfels, 8. 3 vol. *Paris* 1749.

——— d'Horace, traduction nouvelle, par Batteux, 12. 2 vol. *Paris* 1755.

——— le méme, 18. 2 vol.

——— de Maupertuis, *nouv. édit.* augmentée, 8. 4 vol. *Lyon* 1756.

Oeuvres de Maupertuis, 4. *belle édit. Dresde*
1751.
—— de Marmontel, 8. *La Haye* 1752.
—— Tutte le Opere di Niccolo Machiavelli
Florentino, 4. 2 Tom. *Londres* 1747.
—— diverses de Machiavel, 12. 6 volum.
Holl. 1754.
—— d'Homere par Mad. Dacier, 12. 7 vol.
figur. Amst. 1749.
—— de Tacite avec des Notes Historiques &
Politiques, par Amelot de La Houssaye,
12. 10 vol. avec *fig. Amst.* 1748.
—— de Des Touches, *nouv. édit.* augmen-
tée, 12. 10. vol. *La Haye* 1755.
—— diverses de Van Effen, 12. 5 vol. *Amst.*
1742.
—— de Nivelle De la Chaussée, **12. 3** vol.
Paris 1752.
—— de Racine le Pere, 12. 3 vol. avec *fig.*
Amst. 1750.
—— le méme, *édit.* de Paris, 3 vol. **1750.**
—— de Racine le Fils, 12. 6 vol. *Amsterd.*
1750.
—— de Piron, 12. 2 Part. *Amst.* 1753.
—— d'Etienne Pavillon, **12.** 2 vol. *Amst.*
1751.
—— de Theatre de Pierre Corneille, **12.** 5
vol. avec *fig. Amst.* 1740.
—— de Brantome, 12. 15 vol. avec *figur.*
Amst. 1740.
—— de Rousseau, 12. 4 vol. *Londres* 1753.
—— choisies du méme, 12. *Paris* 1754.
—— mêlées de Bernis, 8. 1752.
—— diverses de M. le Marquis de la Farre,
12. *Amst.* 1750.
—— Philosophiques, ou Demonstration de
l'Existence de Dieu, tirée de l'Art de la
 Nature

Nature &c. par Fenelon , *nouv. édit.* augm
de diverses Réflexions , 8. *Amst.* 1721.

Oeuvres de M. l'Abbé de St. Réal , *nouv. édit.*
rangée dans un meilleur ordre & augmen-
tée , 12. 6 vol. *Paris* 1745.

—— diverses de M. De Voltaire , 12. 13
vol. avec *fig. Londres* 1741.

—— le méme , *nouv. édit.* augmentée , 8.
10 vol. *Geneve* 1756. La suite à mesure
qu'elle paroitra.

—— diverses de Pope , contenant les Pieces
traduites en Prose , 8. 2 vol. *Amst.* 1749.

—— le méme , *nouv. édit.* considerablement
augmentée , avec de très belles *figur.* en
taille douce , 12. 6 vol. *Amst.* 1754.

—— de Fontenelle , 12. 8 vol. *Paris* 1752.

—— de Mad la Marquise de Lambert , avec
un Abrégé de sa Vie , *nouv. édit.* augmen-
tée , 12. *Lausanne* 1751.

—— de Regnard , *nouv. édit.* 8. 2 vol. *Pa-*
ris 1750.

—— complettes de Gresset , 8. 2 vol. *La*
Haye 1750.

—— le méme , 8. 2 vol. *Londres* 1750.

—— Galantes & Amoureuses d'Ovide , con-
tenant l'Art d'aimer , le Remede d'Amour,
& les Elegies Amoureuses , *traduction nou-*
velle en Vers Français , 8. 2 vol. à *Cythere*
1756.

—— de Boileau Despreaux , avec des Eclair-
cissemens Historiques , donnés par lui-mé-
me. *Nouvell. édit* augmentée de la Vie de
l'Auteur , par M Des Maizeaux, 8. 4 vol.
Dresde 1746.

—— de Virgile , *traduct. nouvelle* avec des
Notes Critiques & Historiques , par le P.
Catrou , 12 6 vol. *Paris* avec *fig.* en taille
douce; Oeu-

L. | S.

Oeuvres, les mêmes, de la traduction de
Martignac, 12. 3 vol. avec *fig. Paris* 1686.

l'Optique des Couleurs fondée fur les fimples
observations & tournée fur tout à la prati-
que de la Peinture, de la Teinture & des
autres Arts Coloriftes, par le P. Caftel,
12. *Paris* 1740.

l'Origine ancienne de la Phyfique nouvelle,
&c. par le P. Regnault, 12. 3 vol. *Amft.*
1735.

Ornement de la Mémoire, ou les Traits bril-
lans des Poëtes Français les plus célebres
&c. pour perfectionner l'Education de la
Jeuneffe, tant de l'un que de l'autre Sexe,
12. *Paris* 1752.

Oftervald, Nourriture de l'Ame ou Recueil
de Prieres pour tous les jours de la Semai
ne &c. 8. *Basle* 1756.

—— Traité de l'Impureté, 8. *Basle* 1750.

P

PAradis perdu de Milton, *traduct. nouv.*
avec des Notes, la Vie de l'Auteur,
un Difcours fur fon Poëme, les Remarques
d'Adiffon &c. par M. Racine, 8. 3 vol.
Paris 1750.

Parterre [Nouveau] du Parnaffe Français,
ou Recueil des Pieces les plus rares; Carac-
tères, Allufions, Penfées morales, ingé
nieufes & galantes &c. 1739.

Paftor fido del Signor Guarini, 8. *Lipfia* 1750.

—— le même, 12. *Rome* 1733.

Penfées fur la Comete, par M. Bayle avec la
Continuation, 12. 4 vol. *Amft.* 1749.

—— libres fur la Religion, l'Eglife & le Bon-
heur de la Nation, par Van Effen, 12. 2
vol. *Amft.* 1738.

Penſées de Seneque, *nouv. édit.* augmentée, 12. 2 vol. *Paris* 1752.
—— de Ciceron par l'Abbé d'Olivet, 12. *Amſt.* 1746.
—— Philoſophiques, 12. *Paris* ſous *La Haye* 1746.
—— Philoſophiques & Penſées Chrétiennes, miſes en parallele & en opoſition, 12. *Amſt* 1746.
—— de Paſcal ſur la Religion, 8. *Holl.* 1741.
—— & Maximes de la Rochefoucault, *nouv.* *édit.* augmentée de Remarques Critiques. Morales & Hiſtoriques ſur chacune des Réflexions, par l'Abbé De la Roche, 12. 2 vol. *Paris* 1754.
—— du P. Bourdaloue ſur divers ſujets de Religion & de Morale, 12. 2 vol. *Bruxelles* 1752.
Peuple Chrétien [Hiſtoire du] par Berruyer, 12. 8 vol. 1753.
—— le même, 4 4 vol. ſous *Paris* 1756.
—— de Dieu [Hiſtoire du] par le même, 12. 10 vol. 1752.
la Pharmacopée Royale Galenique & Chymique, par Charras, *nouv. édit.* augmentée 4. *Lyon* 1753.
—— Univerſelle par Lemery, *nouv. édit.* augmentée. 4. *Amſt.* 1748.
le Philoſophe Anglois, ou Hiſtoire de Cleveland, *nouv. édit.* 12. 8 vol. 1756.
—— Chrétien, par Formey, 12. 3 vol. *Leyde* 1753. & 1755.
Plans & Journaux des Sieges de la derniere Guerre de Flandres, 4. avec *figur. Straſbourg* 1750.
la Pléiade Françaiſe, ou l'Eſprit des ſept plus grands Poëtes, 12. 2 vol. *Berlin* 1756.

Poëme sur la Religion & sur la Grace, par Racine, 12. *Paris* 1751.

—— sur la Loi Naturelle, & sur les Desastres de Lisbonne, par Voltaire, 8. 1756.

Poësies de M. Haller, 12. *Paris sous Zurich* 1752.

—— diverses de Grecourt, 12. 2 vol. *Amst.* 1749.

—— le même, *nouv. édit.* augmentée, 12. 3. vol. avec *fig. Berg-op-zoom* 1750.

—— de Madame & de Madlle. Des Houillieres, *nouvell. édit.* augmentée de plusieurs Ouvrages, 8. 2 vol. *Bruxelles* 1740.

—— de l'Abbé de Chaulieu & du Marquis de la Farre, 12. *La Haye* 1731.

—— diverses du Pere Du Cerceau, 12. *Amst* 1750.

—— Sacrées de M. le F * * * avec *fig.* en taille douce, 12. 2. Part. *Paris* 1753.

—— Poëtique Française à l'usage des Dames avec des Exemples, 12. 2 vol. *Paris* 1752.

Preuves de la Religion de Jésus Christ contre les Spinosistes & les Déistes, par M. L. F. 12. 8. vol. *Paris* 1754.

Prieres sur tous les Chapitres de l'Ecriture Sainte, par B. Pictet, 12. 2 vol. *Geneve* 1725.

Principes généraux & raisonnés de la Grammaire Françoise &c. par Restaut, *dernière* édit. *Paris* 1750.

—— du Droit Naturel & du Droit Politique par Burlamaqui, 8. 3 vol. *Paris* 1751.

—— de l'Histoire pour l'éducation de la Jeunesse, par années & par Leçons, par Lenglet Dufresnoy, 12. 6 vol. *Paris* 1739.

—— [les Vrais] de la langue Française, ou la Parole réduite en méthode, en 16. Discours, par Girard, 12. *Amst.* 1747.

Principes [les Vrais] de la Cavalerie par G.
 Saunier, 12. *Amst.* 1749.
—— de Religion , ou Préfervatif contre l'In-
 crédulité , 8. *Paris* 1751.
—— de la Science & des Mathematiques , 8.
 Drefde 1750.
Principia Ethica ex monitis Legis Naturæ &
 Præceptis Religionis Chriftianæ deducta ,
 Auctore Altmanno, 8. 2 Tom. *Turici* 1753.
Pfalmorum & Canticorum Verfio Vulgata &
 Verfio nova , ad Hebraicam veritatem facta,
 12. *Parifiis* 1750.
Pfaumes mis en Vers avec les principaux Can-
 tiques , 12. *Paris* 1754.

R

REcherches Critiques & Hiftoriques fur
 l'origine & les progrez de la Chirurgie
en France , 4. *Paris* 1744.
Recueil des plus belles Pieces des Poëtes
 Français , depuis Villon jufqu'à Benferade ,
 8. 6 vol. *Paris* 1752.
—— des Rits & Cérémonies du Pelerinage de
 la Mecque , 8. *Paris* 1755.
—— de Paffages de l'Ecriture Sainte , 8. *Gene-*
 ve 1748.
—— de Secrets & Remedes pour les maladies
 du Corps humain &c. 8. 1742.
—— de toutes les Pieces qui ont été publiées
 à l'occafion du Difcours de M. J. J. Rouf-
 feau &c. 8. 2 vol. *Gottha* 1753.
—— d'Obfervations de Chirurgie par Delaiffe ,
 12. *Paris* 1753.
—— de Poëfies libres , 12. 2 vol. 1756.
Réflexions Morales de l'Empereur Marc An-
 tonin , avec des Remarques de Mr. & de
 Made.

Made. Dacier, 12. 2 vol. *Amſt.* 1740.

Réflexions Critiques ſur la Poëſie & ſur la Pein-
ture, par Du Bos, 12. 3 vol. *Paris* 1755.

—— detachée & Caractères, 8. *Basle* 1754.

—— ou Sentences & Maximes Morales de M.
De la Rochefoucault, *nouv. édit.* augmen-
tée, 8. *Lauſanne* 1747.

les Régles de la Bienſeance & de la Civilité
Chrétienne, par M. De la Salle, 12. *Reims*
1736.

Relation de deux Rebellions arrivées à Con-
ſtantinople en 1730. & 1731. dans la depo-
ſition d'Achmet III. & l'élevation au thrône
de Mahomet V. 8. *La Haye* 1737.

la Religion des Gaulois tirée des plus pures
ſources de l'antiquité, par Don Martin, 4.
2 vol. avec *fig.* en taille douce *Amſt.* 1750

—— Chrétienne, prouvée par les faits, par
Houtteville de l'Academie Françaiſe, 4. 3
vol. *Paris* 1740.

—— le même, 12. 4 vol. *Amſt.* 1744.

—— Chrétienne traduite de l'Anglois du Cé-
lebre M. Addiſſon, avec des Notes Hiſtori-
ques &c. 8. 2 vol. *Lauſanne* 1757.

—— Proteſtante, une Voye ſûre au Salut, par
Chillingvort, 12. 2 vol. *Amſt.* 1730.

—— Proteſtante convaincue de faux &c. par
Maynard, 12. 2 vol. *Paris* 1740.

Remarques Hiſtoriques & Critiques ſur l'Hiſ-
toire d'Angleterre de M. Rapin Thoyras,
par M. Tindal, avec un Abrégé Hiſtorique
du Recueil des Actes publics d'Angleterre,
4. 2 vol. *La Haye* 1733.

—— Hiſtoriques, Critiques & Philologiques
ſur le Nouveau Teſtament, par Beauſſobre,
4. 2 vol *La Haye* 1742.

—— ſur les Avantages & les Deſavantages de

la France & de la Grande Bretagne, par
raport au Commerce &c. *nouvelle édit.* 8.
Amst. 1754.

Remarques nouvelles fur la langue Françaife,
par le P. Bouhours, 12. *Paris.*

Remontrances du Parlement de Normandie au
Roi.

—— du Parlement d'Aix au Roi.

—— du Parlement de Paris au Roi.

Réponfe au Sr. Molines dit Flechier, ou exa-
men des motifs qu'il a publiés de fon chan-
gement de Religion, par M. De Roche, 12.
Laufanne 1753.

Revolutions de Portugal, par l'Abbé de Ver-
tot, *édit.* augm. 12. *La Haye* 1755.

Rivard, Abrégé des Elémens de Mathemati-
que, 8. *Paris* 1752.

—— Tables des Sinus, des Tangentes, de
leurs Logarithmes, & de ceux des Secantes,
8. *Paris* 1753.

Rétabliffement des Manufactures du Commer-
ce d'Efpagne, traduit de l'Efpagnol de Don
Bernardo De Ulloa, 8. *Paris* 1753.

Rouhauti Tractatus Phyficus cum Animadver-
fionibus integris Anton. Le Grand, 8. *Amst.*
1708.

—— Idem cum Notis Samuelis Clarke, 8.
Lugduni Batavor. 1729.

—— le même en François, 8. 2 vol. *Bruxell.*
1708.

S

C. Crifpi **S** Alluftii quæ exftant cum Notis
integris Variorum ut & Frag-
menta Hiftoricorum cum Notis integris A.
Popmæ Coleri, Ruperti, Waffe, Brou-
kufii

<table>
<tr><td></td><td>L.</td><td>S.</td></tr>
</table>

kufii &c. *curâ* Sigeberti Havercampi, cum Indicibus copiofiffimis, 4. 2 Tom. *Amftelodami* 1742.

Santorii de Staticâ Medicina, 12. 1753.

Sarbievii Societ. Jefu, Opera Poëtica, 12. 1753.

Schrevelii Lexicon Manuale Græco-Latinum & Latino-Græcum, 8. *Drefdæ* 1752.

Science des Ingénieurs dans la conduite des Travaux de Fortification & d'Architecture Civile par Belydor, 4. avec *fig. La Haye* 1754.

Secretaire nouveau-du Cabinet, 12. *Amft.* 1739.

—— Des Negocians français & Italien, avec des Formulaires pour les Lettres de Voiture, Billets à ordre, & pour toutes fortes de Lettres de Change, 12. *Amft.* 1752.

Secrets concernant les Arts & Métiers avec le Teinturier Parfait, 12. 2 vol. *nouvelle édit.* augmentée 1755.

Selectæ Hiftoriæ è Veteri Teftam. & è profanis Scriptorib. 12. 3 vol. *Taurini* 1751.

Sens Litteral de l'Ecriture Sainte, 8. 3 vol, *La Haye.*

Sermons du Pere Bourdaloue, 8. 15 vol. *Paris* 1723. reliés en veau.

—— Idem, 12. 15 vol. *Paris* 1750.

—— du Pere La Rue, 12. 3 vol. *Paris* 1740.

—— de Girouft. 12. 5 vol *Paris* 1737.

—— de Segaux, 12. 6 vol. *Paris* 1751.

—— de Maffillon, 12. 13 vol. *Paris* 1754.

—— le même, 12. 6 vol. *Trevoux* 1740.

—— de Cheminais, 12. 3 vol. *Paris* 1741.

—— de La Fiteau, 8. 4 vol. *Lyon* 1752.

—— du P. Bretonneau, 12. 7 vol. *Paris* 1749.

—— de Saurin, 12. 12 vol. *Geneve* 1747.

Ser-

	L.	S.
Sermons de Jaquelot, 12. 3 vol. 1756.		
—— de Caillard, 8. 2 vol. *Holl.* 1738.		
—— de Butiny, 8. 2 vol. *Geneve* 1728.		
—— de Leger, 8. 2 vol. *Geneve* 1728.		
—— de Verenfels, 8. *Basle* 1744.		
—— d'Oſtervald, 8. *Geneve* 1722.		
—— où les Vérités Dogmatiques & Morales de la Religion ont été traitées de ſuite & dans un ordre naturel, par feu M. Pierre Coſte, Paſteur de l'Egliſe Françaiſe de Leipſic, 8. 9 vol. *Dreſde* 1756.		
—— de Chatelain, 9. 4 vol. *Amſt.* 1744.		
—— de Beauſſobre, 8. 4 vol *Lauſanne* 1755		
—— de Sterlock, 8. 2 vol. *La Haye* 1723.		
—— le même ſur l'Immortalité de l'Ame & la Vie éternelle, 8. *Amſt.* 1755.		
—— de Nardin pour les Dimanches & les principales Fêtes de l'Année, 4. *Montbeliard* 1754.		
Siecle de Louis XIV. par Voltaire, 12. 4 vol. *Leipſic* 1753.		
—— le même, 12 3 vol *Dreſde* 1753.		
—— Supplement au Siecle de Louis XIV. avec la Reponſe de La Baumelle, 12. *Colmar* 1754.		
—— Litteraire de Louis XV. ſur les Hommes Célebres, 12. 2 Part. *Paris* 1754.		
Songes Phyſiques, 12. *Amſt.* 1753.		
Spectacle de la Nature, 12. 9 vol. avec *fig. La Haye* 1733.		
la Spectatrice, Ouvrage traduit de l'Anglois, 12, 4 vol. 1750.		
le Spectateur Français par M. De Marivaux, 12. 2 vol. *Paris* 1752.		
—— Anglois, ou le Socrate moderne, 12. 7 vol. *Holl.* 1750.		
—— Idem, Tom. VII. ſeparément.		

Stances Chrétiénnes sur divers Passages de l'E-
criture Sainte & des Péres, par l'Abbé Tes-
tu, 12. *Paris* 1748.

Synonimes Français, par l'Abbé Girard, avec
le Traité de la Prosodie Française, 12.
Amst. 1752.

Sistéme abrégé de Jurisprudence Criminelle,
accommodé aux Loix & à la Constitution
du Pays, par F. Seigneux, 8. *Lausanne*
1756.

T

TAbles Anatomiques du Corps humain,
avec des Remarques & des figures, par
Zulm, 8. *Amst.* 1734.

— Historiques & Chronologiques des plus
fameux Peintres anciens & modernes, par
Frederich Harms, fol. *Brunsvich* 1742.

— des Sinus. *Voyez* Rivard.

Tableau de l'Amour Conjugal &c. par Venet-
te, 8. 2 vol. avec *fig. Amst.* 1745.

— des Béautés de la Nature, 8. *Francfort*
1755.

Tablettes Geographiques pour l'intelligence
des Historiens & des Poëtes Latins, 8. 2
vol. *Paris* 1755.

C. *Cornelii* Taciti Opera ex recensione Jo. Au-
gusti Ernesti cum Notis integris Justi Lipsii
& J. F. Gronovii, 8. 2 vol. *Lipsiæ* 1752.

le Teinturier Parfait, ou Instruction nouvelle
& générale pour la teinture des Laines &
Manufactures de Laine, comme aussi pour
les Chapeaux, &c. 12. *Leyde* 1708.

Testament Politique du Cardinal Alberoni, 12.
Lausanne 1753.

— [le Nouveau] mis en Catechisme, par
Deman-

Demandes & par Réponſes, où l'on a con-
ſervé le Texte Sacré en ſon entier &c. par
M le Profeſſeur Polier, 8. 5 vol. *Lauſanne*
1756.

Teſtament Politique de Louis Mandrin Gene-
raliſſime des Troupes de Contrebandiers,
écrit par lui-même dans ſa priſon, ſuivi de
ſon Oraiſon funébre compoſée par le R P.
Gaſparini Jeſuïte, ſon Confeſſeur au lit de
mort, 8. *Valence* 1755.

Theatre de P. & Thomas Corneille, 12. 11
vol. avec *fig. Amſt.* 1740.

——— Italien [le Nouveau] 12. 10 vol. *Paris*
1753. *édit. complette.*

——— de Quinault avec *fig.* en taille douce,
12. 5 vol. *Paris* 1739.

——— de M. Baron augmenté de deux Pieces
& de diverſes Poëſies du même Auteur, 12.
2 vol. *Amſt.* 1736.

——— de M. De Marivaux, *nouv. édit.* 12. 4
vol. *Amſt.* 1754.

——— de Voltaire, 8. 4 vol. *Amſt.* 1753.

——— de la Foire ou l'Opera Comique, con-
tenant les meilleures Pieces qui ont été re-
préſentées aux Foires de St. Germain & de
St. Laurent, enrichies d'Eſtampes en taille
douce par M M. Le Sage & d'Orneval, 12.
6 vol. *Amſt.* 1732.

Theologie de l'egorier, 4. *Amſt.*

——— de Stackouſe, 4. 5 Parties *Lauſanne*
1752.

——— des Inſectes &c. 8. 2 vol. avec *fig. La
Haye* 1752.

——— de l'Eau &c. 8. *La Haye* 1741.

——— de l'Ecriture Sainte, ou la Science du
Salut, 8. 2 vol. *La Haye* 1752.

——— Phyſique ou Demonſtration de l'exiſten-
ce

ce de Dieu, tirée des Oeuvres de la Création, par M. Derham, 8. *La Haye* 1752.

Theologie Chrétienne, ou Exposition des Vérités que Dieu a revelées aux Hommes dans la Sainte Ecriture, avec la Refutation des Erreurs contraires &c. par B. Pictet, 4. 3 vol. *Geneve* 1721.

Theorie des Sentimens agréables, 8. *Paris* 1749.

—— & la Pratique de la coupe des Pierres & des Bois pour la construction des Voutes & autres parties des Bâtimens Civils & Militaires, ou Traité de Stereotomie à l'usage de l'Architecture, par Frezier, 4. 3 vol. *Strasbourg* 1739.

Titi-Livii Patavini Historiar. Libri, par Crevier, 12. *Paris* 1747.

Tradition des Faits qui manifestent le Sistéme d'indépendance que les Evêques ont opposé dans les differens Siecles aux principes invariables de la Justice Souveraine du Roi, 8. 1752.

Traité du Calcul Integral, pour servir de Suite aux infiniment Petits, par M. Bourgainville, 4. *fig. Paris* 1754.

—— des Sens par Le Cat, 8. *fig.* en taille douce *Amst.* 1744.

—— de l'Athéisme & de la Superstition avec des Remarques Historiques & Philosophiques par Budeus, 8. *Amst.* 1740.

—— de la Sainte Cene, par Hoadly, 8. *La Haye* 1741.

—— de la Vérité de la Religion Chrétienne, par M. Vernet, 8. 8 vol. *Geneve* 1755.

—— des Sources de la Corruption, par Ostervald, 8.

Traité de la Vérité de la Religion Chrétienne.
Voyez Abbadie.

—— de Fievres continues &c. par Quesnay, 12. 2 vol. *Paris* 1753.

—— des Fievres Malignes, Vermineuses, Epidemiques par Jof. Chaffanis, 12. 1754.

—— de la Matiere Médicale, par Geoffroi, 12. 10 vol. *Paris* 1750.

—— des Maladies Veneriennes par Aftruc, 12. 4 vol. *Paris* 1754.

—— le même, par Guifard, 12. 1754.

—— Complet des Accouchemens naturels, non naturels & contre nature, par M. De la Motte, 4. *Leyde.*

—— de l'Architecture Militaire avec des Remarques fur les manieres de Fortifier, par Bardet de Ville-Neuve, 8. *fig. Amft.* 1751.

—— de l'Attaque des Places, par le même, 8. avec *fig.* 1752.

—— de la Défenfe des Places, par le même, 8. avec *fig.* 1742.

—— de l'Artillerie &c. par le même, 8. 3 vol. avec *fig.* 1741.

—— de la Culture des Terres fuivant les principes de M. Tull Anglois, par M. Du Hamel Du Monceau, avec *figur.* en taille douce, 12. 3 vol. *Paris* 1754.

—— de la Divinité de nôtre Seigneur Jéfus-Chrift, par Abbadie, 12. *Roterdam.*

—— des Tribunaux de Judicature, où l'on examine ce que la Religion exige des Juges, des Plaideurs, des Avocats & des Témoins &c. 4. *Basle* 1740.

—— des Changes & des Arbitrages &c. par P. Senebier, 4. *Geneve* 1753.

—— de l'Ouïe, par Efteve, 8. 1754.

—— des Bandages, 12. 1755.

Traité de la maladie des Os &c. par J. Petit,
12. 2 vol. avec *fig. Paris* 1749.

Trigonometrie Rectiligne & Spherique avec
la conftruction des Tables des Sinus, des
Tangentes, des Secantes & des Logarith-
mes, par Rivard, 8. *Paris* 1750.

le Triomphe de l'Innocence en faveur des Pro-
teftans de France, par M. De Beauffobre,
8. *Holl.* 1751.

Trogus Juftinus cum Notis felectiffimis Vario-
rum; Berneggeri, Bongarfy, Voffy, Thy-
fy &c. 12. 2 Tom. *Lugduni* 1670.

Turretini [Alphonfi] Commentarius Theo-
retico-Practicus in Epiftolas D. Pauli ad
Theffaloniffenfes, 8. *Bafileæ* 1739.

Tufculanes de Ciceron, traduites par M M.
Boyer & Dolivet, 12. 3 vol. *Amft.* 1749.

V

Jo. Frid. **W** Eidleri Inftitutiones Mathe-
maticæ &c. 8. *Vittembergæ*
1725.

Vie d'Olimpe où les Avantures de Madè. là
Marquife D * * *, Hiftoire véritable, 12.
Utrecht 1741.

—— de l'Abbé Choify de l'Academie Fran-
çaife, 12. *Laufanne* 1742.

—— [*les*] des Hommes Illuftres de Plutar-
que trad. en François avec des Remarques
Hiftoriques & Critiques, *nouv. édit.* aug-
mentée de plufieurs Notes par M. Dacier,
4. 9 vol. *Amft.* 1735.

—— de M. le Marquis de Fabert Maréchal
de France, par le P. Barre, 12. 2 volum.
Paris 1752.

Vie de Grotius avec l'Histoire de ses Ouvra-
ges & des Négociations auxquelles il fut
employé, par De Burigny, 12. 2 vol. *Paris*
1752.
—— de M. J. Philippe Baratier &c. par
Formey, 12. *Utrecht* 1741.
—— de Socrate traduit de l'Anglois, 8. *Amst.*
1751.
Voyage de George Anson dans la mer du Sud,
4. avec *fig. Amst.* 1751.
—— le même, 8. 3 vol. avec *figur. Geneve*
1750.
la Nouvelle Cyropedie ou les Voyages de Cy-
rus, avec un Discours sur la Mythologie,
par M. Ramsay, *nouv. édit.* augmentée, 8.
2 vol. *Edimbourg* 1751.
*l'*Utilité des Voyages & de l'Avantage que la
recherche des Antiquités procure aux Sa-
vans, par M. De Dairval, 12. 2 volum.
avec *fig. Rouën* 1727.

SUPLEMENT.

Véritable Secret des Franc-Maçons découvert,
8. 1756.
Académie de l'Homme d'Epée &c. 4. 2 vol.
avec *fig. Holl.* 1756.
Spectacle de la Vie Humaine &c. 4. avec
fig. Holl. 1756.
l'Abeille du Parnasse, 8. 10 vol. 1755.
les Solitaires en belle humeur, 12. 3 volum.
avec *fig.* 1756.